# *Klavierkind*

Theater-Monolog
von Sebastian Seidel

Mit einem Nachwort
von Thomas Weitzel

MaroVerlag

Auftragswerk der Stadt Augsburg anlässlich des
61. Deutschen Mozartfests 2012

Die Uraufführung fand am 11. Oktober 2012 im
Sensemble Theater Augsburg statt.

Bibliografische Information der Deutschen Nationalbibliothek:
Die Deutsche Nationalbibliothek verzeichnet diese Publikation
in der Deutschen Nationalbibliografie; detaillierte bibliografische
Daten sind im Internet über http://dnb.dnb.de abrufbar.

© 2017 Sebastian Seidel
Originalausgabe
Vertrieb für den Buchhandel: MaroVerlag Augsburg
ISBN 978-3-87512-806-2

Gestaltung und Fotos: Volker Stock
Druck: deVega Medien GmbH Augsburg
Bindung: Thomas Buchbinderei Augsburg

# Vorbemerkung

Wenn ein Dramatiker in einer so geschichtsträchtigen Stadt wie Augsburg lebt, bietet es sich an, auch intensiv mit der Geschichte dieser Stadt zu arbeiten. Von den Zeugnissen der Römer über die Finanzmacht der Fugger, die Ereignisse der Reformation, die Erfindungen des Rudolf Diesel bis hin zur Erneuerung des Theaters durch Bertolt Brecht gibt es dabei sehr viele Themen. Als Heimatstadt von Leopold Mozart veranstaltet die Stadt Augsburg jährlich ein Mozartfest. Das Motto des 61. Deutschen Mozartfestes 2012 war »Leopold Mozart im Spiegel seiner Zeit«. Damit rückten die Fragen nach musikalischer Früherziehung, danach wie Talente heranwachsen und dem damit verbundenen Leistungsdruck in den Blickpunkt, denen sich auch *KLAVIERKIND* widmet. Mein Dank gilt dem Präsidenten der Deutschen-Mozart-Gesellschaft Thomas Weitzel, der als Festivalleiter den Auftrag zum Stück gab und das Nachwort geschrieben hat. Besonders zu danken habe ich auch meinen beiden »Klavierkindern« Tinka Kleffner und Sophia Weidemann, die die Uraufführung gespielt haben und im Buch abgebildet sind.

*Personen:*

*Mutter*
*Tochter (am Piano)*

*Mit dem Anschlag sieht man die Tochter am Flügel.*
*Sie spielt Sergej Prokofjew, Etüde Opus 2, Nr.1 (ca. 3*
*Minuten – alternativ: W. A. Mozart, Sonate Nr. 8 in*
*a-Moll, 1. Satz, KV 310). Selbstbewusst, temporeich,*
*dynamisch und mit größter Perfektion. Die Musik erobert*
*jeden Winkel und jede Ritze des Raumes. Mit dem*
*Schlussakkord kommt die Mutter in Abendgarderobe*
*herein. Sie schaut sich mehrmals um. Sie räuspert sich. Sie*
*sucht nach Worten.*
*Sie setzt sich, steht plötzlich wieder auf, setzt sich aber*
*doch wieder hin. Vorsichtig beginnt sie zu atmen, zu*
*sprechen, zu leben.*


Ja.
Ja, vielen Dank.
Vielen Dank, dass Sie es einrichten konnten.
Vielen herzlichen Dank für
diesen schnellen Termin!

Ja, ich weiß nicht, wie ich anfangen soll,
wie ich die Dringlichkeit unseres
Treffens begründen soll,

warum ich gerade jetzt mit
Ihnen sprechen muss!?

Sicherlich wundern Sie sich,
dass ich so kurz vor dem Konzert
zu Ihnen komme,
ich habe deswegen auch nur wenig Zeit,
in einer Stunde werde ich vom Taxi abgeholt.

Vielleicht denken Sie,
das große Debüt heute,
das Eröffnungskonzert beim Mozartfest,
der erste große Auftritt meiner Tochter,
im ausverkauften Konzertsaal,
vor vielen prominenten Augen,
sei der Grund meines Kommens,
sei die Begründung für meine Aufregung,
die mich nachts nicht mehr schlafen
und tags nicht mehr klar denken lässt.

Wir haben letztes Mal über diesen
großen Tag gesprochen.
Wir redeten darüber, was das
für ein Privileg sei,
diese hochgeladene, familiäre Musikalität,
die nachklingende Könnerschaft

meiner großen Mutter,
das aufstrebende Talent meines
kleinen Klavierkindes,
das nun die Bühne erobern,
das nun ins Rampenlicht treten,
das nun die Welt begeistern,
und ohne den geringsten Zweifel
alle in seinen Bann ziehen wird.

Aber alles allein auf das heutige
Ereignis zu schieben,
wäre zu einfach, zu kurz gesprungen,
zu viel Last auf diesen schmalen Schultern.
Sie ist zweifellos ein »Wunderkind“,
und das sage ich ganz bewusst,
sie ist ein musikalischer Segen,
eine Offenbarung,
der wir uns nicht verschließen können,
der wir uns nicht entziehen wollen,
für die ich so dankbar bin,
so unendlich dankbar,
und die ich,
ohne Übertreibung,
als unerwartetes Geschenk Gottes,
als das größte Glück auf Erden betrachte.

Aber für meinen Gemütszustand,
für meine Seelenlage,
für meine Verfassung,
bin allein ich selber verantwortlich!

Natürlich haben bei mir alle Erregungen
mit Noten und Tönen zu tun,
alle Freuden und Schmerzen.
Ich habe Ihnen erzählt,
wie unser gesamtes Leben
von Schwingungen und Stimmungen,
von Klängen und Zwängen bestimmt wird.
Wie uns die tagtägliche Erschöpfung
für das höhere Ziel,
wie uns das disziplinierte Proben
ab fünf Uhr morgens,
wie uns der gemeinsame Resonanzboden
von Mutter und Tochter
für die Klangfülle eines
raumgreifenden Konzertflügels,
vollkommen erfüllt und unserem
Leben Sinn und Halt gibt,
von Generation zu Generation zu Generation.

Sie haben gesagt,
sie könnten das sehr gut verstehen.

Das Leben sei herrlich,
wenn man weiß, wofür man lebt,
wenn man seinen Platz gefunden hat,
wenn man fühlt, dass alles einen Zweck hat,
dass alles einem höheren Ganzen unterliegt.
Und das sei bei uns zweifellos der Fall.
Jede Minute, jede Sekunde, jede Hundertstel,
reinste Erfüllung.
Und doch sei ich hier,
und darüber sollten wir reden!

Ja.
Ja, ich war da.
Die Meistermutter.
Die Mutter eines tatenhungrigen Genies,
das bereits mehrmals bei »Jugend
musiziert« gewonnen hat,
das auf Wunsch der Veranstalter nicht
mehr am Wettbewerb teilnimmt,
das schon mit zehn Jahren als
»Jungstudentin« zu studieren begann,
das allen Anforderungen nur mit
einem Lächeln begegnet,
das vor allem die »aktuelle Tonsprache« liebt.
Aber auch die Meistertochter.
Die Tochter einer vergötterten Pianistin,

die von heute auf morgen
berühmt geworden war,
die auf der ganzen Welt große
Erfolge gefeiert hatte,
die einzig und allein für die Musik gelebt hatte,
mit mir als Kind immer im Schlepptau.

Ich hatte mich überwunden.
Ich hatte mich durchgerungen,
zu Ihnen zu kommen,
fühlte mich wieder wie eine Debütantin.
Ohne zu wissen, was mich erwartete,
ohne die alles beherrschende
Zielgerichtetheit unseres Lebens,
ohne den sonstigen Erwartungsdruck
war ich gekommen.
Ich war einfach da,
so wie ich auch jetzt da bin,
so wie ich auch jetzt gekommen bin,
so wie ich auch jetzt wieder
hier vor Ihnen sitze,
obwohl ich nie mehr kommen wollte,
obwohl ich nie mehr ihre sanfte
Stimme hören wollte.

*Sie macht eine Pause.*

Zunächst habe ich mich bei Ihnen
gut aufgehoben gefühlt,
zu meiner eigenen größten Verwunderung,
meine Zunge lockerte sich,
die Worte sprudelten.
Ich merkte, Sie könnten uns verstehen.
Eine unverhoffte Chance tat sich auf,
an die ich nicht geglaubt hatte,
die ich nicht für möglich gehalten hatte,
die mich selber in Erstaunen versetzte.
Denn wer sind Sie?
Was können Sie wissen?
Wie können Sie helfen?
Wer vermag es wirklich,
einen anderen Menschen zu begreifen,
seine Existenz zu ergründen,
ohne ihm die Würde zu nehmen,
ohne den Respekt vor ihm zu verlieren?
Wer schützt mich vor Ihnen?
Vor Ihrem Urteil, Ihrer Bewertung,
Ihrer Diagnose?
Und wie halten Sie die Distanz,
von der Sie so eindringlich sprachen,
dass sie für unser Gespräch notnotwendig sei?
Eine Distanz, die einem zu nahe
gehen und einen kränken kann!

Aber wahrscheinlich hätte ich mir darüber
vorher Gedanken machen müssen.
Aber wie konnte ich das wissen?
Wie?

Naiv wie ein kleines Kind,
noch ohne zermürbenden Zweifel,
wer Sie sind und wie Sie beurteilen,
habe ich Ihnen erzählt,
wie wir leben,
wer wir sind,
was uns erfreut,
und was wir durchleiden,
bis sich die beglückende Anspannung
im nächsten Konzert,
beim nächsten Auftritt,
beim nächsten Wettbewerb entlädt,
ohne jemals ganz entspannt
werden zu können.

Kein Konzert vermag das jemals zu leisten.
Konzerte sind nur die öffentlich hörbare Folge
dieses unendlichen Strebens nach
musikalischer Vollkommenheit,
nach Ausdruck, nach Haltung, nach
einer unverwechselbaren Sprache,

die alles auszudrücken vermag,
alles,
ohne dafür Worte zu gebrauchen.
Eine universelle Sprache,
die über alle Kontinente hinweg,
die über alle großen und kleinen
Probleme des Lebens,
die über alle sozialen und religiösen
Katastrophen der Welt,
die Menschen bei hellem Verstand
berühren und verbinden,
ja, die Menschheit sogar harmonisieren kann.

Ja, Rührung, Beben, Erfühlen,
das innere Durchdrungensein von Musik,
so sagte meine strenge Mutter immer wieder,
sei unser Lebenselixier als Musiker,
unser lebenserhaltender Heiltrank,
der aber die klare Kraft des
Gedankens nicht ausschließt.
Nein, im Gegenteil, erst beides vereint,
erst Genauigkeit und Seele,
bringen den wahren Klang zum Klingen.

Heute bin ich versucht zu sagen,
so wie auch …

... aber nein, keine Vergleiche,
keine Vergleiche!
Vergleiche waren immer verboten,
strengstens untersagt,
eine Herabwürdigung der
musikalischen Leistung.
Jeder Vergleich wäre banal, wäre
falsch, wäre geradezu beleidigend.
Nichts kann es mit der Klarheit eines
Klavierkonzertes aufnehmen,
absolut nichts, sagte Mutter stolz,
wenn sie mich verzweifelt unterrichtete,
wenn sie als Klavierlehrerin an mir scheiterte
und doch nicht aufgeben wollte.
Auch ich sollte in die höheren Weihen
eines Flügels eingeführt werden,
auch ich sollte natürlich Pianistin werden,
kein anderer Beruf, kein anderes
Instrument kam für sie in Frage.

Musik – insbesondere das Klavierkonzert –
sei die Wurzel allen Lebens,
sagte schon ihr eigener geliebter Lehrer.
Pianist zu sein ist die höchste
Form der Meisterschaft,
die auch bis ins hohe Alter anhält,

die sogar mit den allerletzten
Jahre noch reifen kann,
während auch der berühmteste Geiger
irgendwann den Bogen weglegen muss,
wenn er gegenüber sich, seinem Gehör
und den Zuhörern ehrlich ist.

*Im Hintergrund beginnt die Tochter leise mit Fingerübungen, die sich parallel zum Text immer weiter steigern und lauter werden.*

So habe ich mich immer weiter
hineingesteigert.
Ich erzählte Ihnen, wo ich herkomme,
was ich bin, was ich glaube, was ich lebe.
Ich redete und redete,
mein angehäuftes Wissen,
mein aufgestautes Selbstverständnis
brachen aus mir heraus,
und Sie starrten mich an.
Sie blickten mir tief in meine Seele,
Sie durchdrangen messerscharf mein Wesen,
forderten mich dadurch noch mehr heraus,
trieben mich zu immer kühneren Aussagen,
zu immer gewagteren Thesen,
zum Kern meiner Identität,

meiner eigenen Bestimmung als Mutter,
als Mutter einer Meisterschülerin,
der jüngsten Siegerin von »Jugend
musiziert« überhaupt,
der größten Nachwuchshoffnung Europas,
die ich zur Welt gebracht hatte,
die nur ich zur Welt hatte bringen können,
die nur durch mich,
durch meine eigenen Erlebnisse als
Tochter einer musikalischen Kapazität,
durch meine eigenen leidvollen Erfahrungen
mit kreativer Unbefangenheit,
optimal gefördert werden kann,
die nur durch mein Wissen zur höchsten
philosophischen Erkenntnis,
zur Vereinigung der Gegensätze
– Coincidentia oppositorum –
zur göttlichen Harmonie aus der Geburt
der Musik geführt werden kann!
Allein durch mich, durch meine Existenz
als Klavierkind und Meistermutter!

*Sie schreit fast, bemerkt es, schaut auf, sucht Bestätigung, findet sie nicht und unterbricht sich selbst. Auch die Fingerübungen stoppen abrupt.*

Ja, ich weiß,
da haben Sie mich jäh unterbrochen,
Sie haben mich mit sehr großen
Augen angeschaut.
So etwas hatten Sie noch nie in
diesen heiligen Räumen gehört.
Fast eine Anmaßung, eine Gotteslästerung,
aber das sagten Sie nicht,
als gut erzogener Mensch sagten
Sie das natürlich nicht.

Sie blieben dem Boden verhaftet,
Sie sagten erst sehr nüchtern,
Sie fänden diese – meine –
Ausdrucksweise zu pathetisch,
zu anmaßend, zu philosophisch,
zu idealistisch, zu fern der Realität.
Ja, sogar dem Alltag hinderlich.

Vielleicht muss ich insgeheim genickt haben,
zumindest scheinen Sie eine
Bestätigung Ihrer Worte
in meinen Augen gelesen zu haben,
vielleicht habe ich Ihnen auch zu
viel Zustimmung signalisiert,
vielleicht bin ich auch selber an
Ihrer Reaktion schuld!?

In sekundenschneller Gelassenheit
unterstellten Sie,
mein unbedingtes Bekenntnis zur
Musik als alles bestimmende Kraft,
als allein gültige Lebenskraft,
sei zwar einerseits ein großer Reichtum,
den sie durchaus respektierten,
andererseits aber könne diese Fülle auch
den Blick auf die Realität verstellen,
zu großen inneren Verwerfungen führen
und dann zur Gefahr werden!

Meine schicksalhafte Bestimmung
als einzig geltender Lebenssinn,
vom Klavierkind zur Mutter
eines Klavierkindes,
scheine Ihnen eine Illusion, eine
Kompensation verdrängter Leiden,
eine Projektion der gekränkten Seele zu sein,
und sei dem sogenannten normalen Leben,
das in seinen Ausformungen ernst
genommen werden will,
das sich immer auf die eine oder
andere Seite schlägt,
als zu skeptisch, zu negativ,
zu feindlich gesinnt.

Sie analysierten die Gefährlichkeit, dass wir,
die wir unser gesamtes Leben
allein der Kunst widmen,
die wir alles von der Musik abhängig machen,
in elitärem Stolz, in abgehobener Verblendung
die Schätze der Normalität,
so waren Ihre Worte,
nicht mehr heben könnten,
dass wir in ihnen keine
natürliche Bereicherung,
sondern einzig und allein
Störenfriede sehen könnten.
Sie dozierten sogar, dass unsere
menschlichen Triebe verkümmerten,
wenn wir sie allein als Ablenkungsmanöver
von unserer Bestimmung empfänden,
einzig als Verschwendung,
Vergeudung von kostbarer Zeit.
Sie beschworen die Notwendigkeit
der täglichen Basis,
die sonst allein durch Verdrängung
bewältigt wird.

*Sie macht eine Pause.*

Ja, das haben Sie gesagt, erinnern Sie sich?
Triebe, tägliche Basis und Verdrängung!
Sie sprachen von Störenfrieden
und Ablenkungsmanövern.
Mir ist das deutlich in Erinnerung geblieben.
Mir kleben diese Worte noch auf der Zunge,
fleischig, fettig, unverdaulich.

Triebe, Basis, Verdrängung!?
Wer verdrängt hier was?
Wer wird von was abgelenkt? Wer stört was?
Was ist wichtig im Leben? Wer bestimmt das?
Die Gesellschaft? Die Religion?
Das eigene Innere?
Wo kommt alles zusammen? Wo?
Wer wagt es, so über uns zu urteilen?
Was für eine langweilige
Bürgerlichkeit sprach aus Ihnen,
was für eine normierte Psychologie,
getarnt als Intellektualität,
aufgeblasen als Lebenshilfe.
War es das, was ich suchte?
Nein, sicherlich nicht!

Ihre Antwort ließ mich zweifeln,
ob Sie mich jemals verstehen könnten,

ob Sie jemals begreifen können,
dass wir alles allein durch die
Musik sublimieren,
oder einfacher ausgedrückt,
stempeln, lochen, abheften.
Das ist unsere tägliche Basis,
und die unterliegt allein dem
bestmöglichen Klangerlebnis,
dem unbedingten Anspruch auf Perfektion.
Wissen Sie, wovon ich rede?
Können Sie das verstehen?
Können Sie das verstehen?

*Sie schaut herausfordernd nach vorne.*

Ich bin vor Ihren Worten geflohen,
ich wollte Ihre Anmaßungen nicht hören.
Ich flüchtete mich zurück in mein Leben,
zurück zu meiner Tochter, zurück zur Musik.

*Sie hält inne und sammelt sich.*

Und doch bin ich heute wiedergekommen:
Erstens um Ihnen zu widersprechen.
Zweitens um Ihnen Recht zu geben.
Und drittens um es Ihnen zu erklären.

Ja, ich widerspreche Ihnen
und gebe Ihnen gleichzeitig Recht!
Diese Punkte sind schnell abgehakt!
Aus Ihrer Perspektive sehen
Sie die Welt richtig.
Sie müssen das so einschätzen!
Sie scheinen ein Verfechter des
Durchschnitts zu sein,
des sogenannten normalen Lebens,
der grauenhaften Fratze des Halbwissens,
ohne Gespür für die Wirklichkeit dahinter,
hinter der abgemessenen Welt.
Andere Regionen,
die Tiefen und Abgründe,
aber auch Höhen und Triumphe,
die erst durch die Musik in dieser
Welt hörbar werden,
die erst in der musikalischen
Gestaltung ihren Ausdruck finden,
blenden Sie einfach aus, nehmen sie
vielleicht nicht einmal wahr,
oder wollen bewusst nicht damit spielen.
Das ist Ihre Entscheidung.
Das ist dann Ihre Realität.
Und aus dieser Sicht haben Sie natürlich recht.
Aber wir doch auch!
Und darum geht es.

Ja, ich spreche von wir.
Und ich weiß, was Sie fragen wollen.
Wir, wer sind wir?
Zunächst einmal bin ich doch
nur ich und nicht wir.
Aber das stimmt so nicht.
Wir lassen uns nicht von einander trennen.
Auch wenn meine Mutter schon gestorben ist,
auch wenn meine Tochter bald ohne
mich die Welt bereisen wird,
auch wenn ich hier allein übrig bleiben werde.
Trotzdem bleibt es beim wir.
Wir, die drei Meisterfrauen!

Ok, wenn ich ehrlich bin,
dann sind es nur zwei wahre Meister.
Meine Mutter und meine Tochter.
Beide Genies an den Tasten.
Beide Wunder der Fingerfertigkeit.
Beide Meister der Präzision.
Ich falle dagegen deutlich ab,
bin nur als Mittelglied zu gebrauchen.
Gleichwohl bilden wir drei ein WIR!
Ein Wir ohne Wenn und Aber.
Ein Wir über den Tod hinaus!
WIR!

*Die Tochter spielt im Hintergrund Johannes Brahms,*
*Intermezzo Opus 119, 1 (ca. 4 Minuten).*
*(alternativ: W. A. Mozart, Fantasie in d-Moll, KV 397).*
*Die Mutter horcht auf.*

Hören Sie das auch?
Manchmal bin ich mir nicht sicher,
ob nur ich die Musik höre,
ob sie nur in mir und mit mir erklingt,
oder ob sie für jedermann hörbar ist!?

Schon seit Kindheitstagen
schlafe ich mit Musik ein,
träume ich Musik,
wache ich mit Musik auf.
Ich lebe täglich die allerergreifendste Musik
in endlosen Wiederholungsschleifen.

Hören Sie auch Brahms?
Ich höre Intermezzo Opus 119.
Seine letzte Komposition, bevor er starb!
Ein Lieblingsstück meiner Mutter.
Und ebenso meiner Tochter!

*Die Mutter lauscht, bis das Stück verklungen ist.*
*Sie kämpft dabei mit den Tränen.*
*Dann Stille. Leises Atmen. Schlucken. Blicke.*

*Dann spielt die Tochter Johannes Brahms, Intermezzo*
*Opus 119, 3 (ca. 2,30 Minuten).*
*(altern.: W. A. Mozart, Fantasie in d-Moll, KV 397).*
*Die Mutter hört zu und beginnt dabei wieder zu lächeln.*
*Neue Lebensenergie durchströmt sie.*
*Voller Stolz spricht sie weiter.*

So spielt nur sie,
meine Tochter, meine eigene Tochter!
Ganz anders als meine Mutter.
Das gleiche Stück und doch ganz anders.
Ein ganz anderer Ausdruck.
Eine ganz andere Sichtweise.
Eine ganz andere Überzeugung.
Eine ganz andere Generation.
Wissend um ihre Qualität,
aufgewachsen mit einem anderen
Selbstbewusstsein,
mit einem fast selbstverliebten
Selbstverständnis,
mit einem befreiend leichten
Zugang zur Vergänglichkeit.

Meine Mutter hatte sich dagegen
alles hart erkämpfen,
sich aus dem Mief der jungen
Republik befreien,
gegen alle Widerstände ihren
eigenen Weg finden,
gegen genau die Vorurteile wehren müssen,
die Sie in unserem letzten Gespräch
wieder aussprachen,
die ich schon lange gegenüber uns
Künstlern überwunden glaubte,
gegen noch harmlose Sätze wie
»Kind, Du kannst doch nicht den
ganzen Tag am Klavier sitzen",
über Zweifel an der Lebenstauglichkeit,
bis hin zu unverhohlenen Drohungen,
dass sie eines Tages auf der Straße landen,
dass sie in der Gosse krepieren würde,
weil mit diesem »Geklimpere«
kein Geld zu verdienen sei,
weil keinerlei Verständnis dafür da war,
was nicht unmittelbar aufs Brot geschmiert,
was nicht gebissen, gekaut, geschluckt, verdaut
und wieder ausgeschissen werden konnte!
Dieser ekelerregende materialistische
Kreislauf unserer primitiven Natur!
Oder die »tägliche Basis«, wie Sie es nennen.

Aber meine Mutter ließ sich davon
nicht von ihrem Weg abbringen.
Sie war ein Klavierkind.
Sie wusste, was sie wollte.
Sie schluckte alles zunächst herunter
und verwandelte es dann in
hochemotionale Klänge,
die die Menschen, die Zuhörer elektrisierten,
aber von anderen Musikern
oftmals abgelehnt wurden.
Wie konnte man so spielen?
Eine Zumutung oder eine Ermutigung?
Für alle, an alle?
Nur für sich?
Ein Aufschrei auf jeden Fall!

Bereits bei ihrem Debüt,
bei ihrem ersten großen Konzert
kam es zum Eklat,
der ihren Ruhm unfreiwillig begründete
und bis zuletzt an ihr haftete.
Meine Mutter am Flügel und der Dirigent
gerieten während des Konzertes in Streit.
Zunächst nur durch zornige Blicke,
dann für jeden im Saal sicht- und hörbar.
Eine Auseinandersetzung,

die sich schon lange bei den
Proben angebahnt hatte,
die immer weiter gewachsen war,
die plötzlich zum Ausbruch kam,
und die in aller Öffentlichkeit
nicht mehr zu bremsen war.
So etwas hatte es noch nie gegeben!
Ein Skandal!

Ich weiß es nur aus vielen Erzählungen,
aus der Perspektive der ungläubigen Zuhörer,
die alle die Details unterschiedlich berichteten,
und die mir eine ähnliche
Sensation prophezeiten.
Niemand weiß mehr, was genau geschah,
was genau zwischen den
beiden vorgefallen war.
Zumindest brach der Dirigent das
Konzert ab – SUPER-GAU –
schrie meiner Mutter etwas ins Gesicht,
aufgebracht, bestimmend, keine
Widerrede mehr duldend.
Aber meine Mutter scheint provozierend
gelassen reagiert zu haben,
muss etwas Unerhörtes erwidert haben,
wodurch der Dirigent umso

mehr in Wallung geriet,
und schließlich empört den Saal verließ,
ein Albtraum!

Keiner auf der Bühne, keiner
im Saal wagte zu atmen.
Sogenanntes betretenes Schweigen brach aus.
Alles war wie erstarrt.
Was aber machte die Debütantin?
Wie, denken Sie, reagierte meine Mutter?
Das Konzert war damit nicht etwa beendet,
sondern fing für sie erst richtig an.
Eine Befreiung.
Eine Erlösung
von allen Fesseln,
von allen Zwängen,
von allen Beklemmungen.
Vom Flügel aus dirigierte sie das Orchester,
mit Händen und Füßen,
mit Augen und Ohren,
mit Leib und Seele.

So wurde meine Mutter mit dem 3. Satz
aus Mozarts Klavierkonzert Nr.
23 in A-Dur berühmt.

*Die Tochter beginnt mit dem 3. Satz (KV 488)*
*und dirigiert dann vom Flügel das imaginäre Orchester,*
*bis die Mutter das Konzert schreiend abbricht.*

So wurde meine Mutter mit Mozart bekannt.
So wurde ihr Name immer in
Verbindung mit Mozart genannt.
Obwohl sie Mozart nicht besonders liebte,
obwohl sie immer scherzend
Glenn Gould zitierte,
ihren privaten Gott, nur wenige
Jahre älter als sie,
dass Mozart eher zu spät als
zu früh gestorben sei,
eine gezielte Provokation,
ein bewusst gewählter Widerstand.

Dahinter verbarg sich freilich
mehr Verehrung für Gould als
Abneigung gegen Mozart,
mehr Auflehnung gegen das
ihr angehängte Etikett,
als Abwertung des großen »Komponisten«,
bewundert von seinem
väterlichen Freund Haydn,
in wahrer Eintracht der Musik verbunden,

die sie beide privat so gerne spielte,
aber bei Konzerten ablehnte,
gleichgültig was ihr dafür geboten wurde.

Meine Mutter wusste sich durchzusetzen
und das machte sie stark und unnachgiebig,
vor allem gegenüber allen sogenannten
musikalischen Talenten,
und gegenüber der weniger
talentierten eigenen Tochter,
die sich auch als »Klavierspielerin« versuchte,
versuchen durfte, sollte, musste.
Gegenüber mir!

*Sie macht eine Pause und atmet lange durch.*

Auf jeden Fall musste sich mein Klavierkind
niemals gegen äußere Widerstände wehren,
wohl aber hat sie immer  – wie ich
– das große Vorbild vor Augen,
an dem sie gemessen wird,
und das sie von klein auf vermaß,
ob sie wollte oder nicht.

Aber was andere Menschen vernichtet,
was andere jahrelang leiden lässt,

was andere ihr Leben lang niemals
aufarbeiten können,
was andere seelisch verunstaltet
und beziehungsunfähig macht,
scheint meine Tochter eher noch zu stärken.
Sie glauben nicht,
was für eine Erwartungshaltung,
was für ein Erfolgsdruck,
durchaus auch unbewusst,
von der Umwelt aufgebaut werden kann.
Manchmal aber auch durchaus sehr bewusst.
Die kleinsten Andeutungen genügen.
Mir ist noch so manche im Gedächtnis,
in überaus deutlicher Erinnerung,
bis zum jüngsten Tag.

Aber meine Tochter scheint anders,
sie scheint ganz anders zu sein.
Sie kennt nur Vorwärtsverteidigung!
Und jetzt raten Sie,
mit welchem Klavierkonzert meine
Tochter heute auftreten wird?
Was denken Sie?
Sie wissen es schon!?
Natürlich mit Mozarts Klavierkonzert
Nr. 23 in A-Dur.

Damit ist ihr die allergrößte
Aufmerksamkeit gewiss.
Die Medien reißen sich um dieses Konzert.
Alle wollen dabei sein und hören,
wie die Enkeltochter der Meisterin
dieses Werk interpretiert,
ob es auch bei ihr einen Skandal geben wird,
auf den man bei der Mutter vergeblich wartete,
ob sie bereits ihren eigenen Ton gefunden hat,
auf den man bei der Mutter vergeblich hoffte,
und ob sie mit ihrer Großmutter
mithalten kann.
Dass sie ihn hat, den eigenen Klang,
kann ich Ihnen versichern.
Alle werden es heute Abend hören.

Es fehlte nur noch, dass sie
auch selber dirigiert.
Aber diese Idee, die sie
selbstverständlich hatte,
konnten ihre Lehrerin und ich ihr
mit vereinten Kräften ausreden.
Nur das Mozart-Klavierkonzert musste sein,
im Andenken an die Großmutter,
eine Hommage,
da gab es keine Widerrede,

da gab es keinen Kompromiss.
Sie will es ihr, sie will es allen zeigen.
Sie will beweisen, wie gut
und stark auch sie ist!
So wie sie es auch bei der
Beerdigung getan hat.

*Sie macht eine kleine Pause und redet leiser weiter.*

Ich hätte sie nicht gezwungen.
Ich hätte meine Tochter nicht
dazu gezwungen,
wenn sie nicht von sich aus gewollt hätte:
Der letzte Wille meiner Mutter war,
dass ihre Enkeltochter das
finale Stück von Brahms,
das ich eben zu hören meinte,
Intermezzo Opus 119,
bei der Beerdigung spielt,
bei der Beerdigung der geliebten Großmutter,
beim endgültigen Abschiednehmen
von der musikalischen Autorität,
an der sie sich lange Zeit abgearbeitet hatte,
in viel besserer Weise als ich.

Und sie hat es mit Bravour gemacht,
obwohl sie noch keine zehn
Jahre alt gewesen war.
Sie hat es mit einer Stärke und
Vollendung gemacht,
die jeden Zweifel an der Kraft
der Musik zunichte macht.
Sie hat sich an den Flügel gesetzt,
sie hat mit verweinten Augen gespielt,
einfach gespielt.
Erst haben alle mit geweint,
doch am Ende haben alle verstanden,
warum Mutter dieses Stück ausgewählt hatte,
warum ihre Enkeltochter das spielen sollte.
Die perfekte Auswahl.

Bei keinem Vorspiel davor und danach
habe ich jemals wieder diese
Anspannung beim ersten Ton,
und diese Befreiung beim letzten erlebt.
Mein Gesicht drohte zu platzen.
Mein Körper verkrampfte und jubelte.
Alles schaute stolz auf mich
und meine Tochter,
und dachte dabei an die Meistermuttermutter,
die überlebensgroß anwesend war.

*Sie hält inne und schaut sich um.*
*Sie zögert. Sie überlegt.*
*Dann spricht sie stockend weiter.*

Anschließend sollte ich etwas sagen,
anschließend sollte ich eine
kleine Ansprache halten,
ich, die Tochter des ersten Klavierkindes,
das zweite Klavierkind,
das nicht die musikalischen
Hoffnungen erfüllt hatte,
deren Niederlage nun das dritte
Klavierkind wettzumachen hat.
Aber sprechen Sie mal gegen diese Musik an,
versuchen Sie mal die richtigen
Worte zu finden,
wenn die Musik des eigenen Kindes
schon alles auszudrücken vermochte,
wenn die Musik des eigenen Kindes
bereits alles gesagt hat,
was sie niemals in Worte kleiden können,
wofür ihnen niemals Worte zur
Verfügung gestanden hätten,
was tief in ihnen widerhallt, ohne
Chance des Ausdrucks,
weil es die eigenen musikalischen
Fähigkeiten übersteigt.

Ich blieb stumm.
Ich blieb stumm und schaute alle intensiv an.
Keine Silbe konnte ich jetzt
über die Lippen bringen.
Kein noch so winziges Wörtchen.
Nichts.

Vielleicht ist dieses Verstummen die
Verdrängung, die Sie meinen.
Aber dann ist diese Form der
Verdrängung nicht negativ,
nicht lebensfeindlich, nicht
skeptisch und verstörend,
sondern die bestmögliche
Verarbeitung von allem,
was uns zwischen Geburt und Tod widerfährt,
von allem, sogar den Tod eingeschlossen.
Die Musik übersteigt alles Irdische,
ihr Zauber bringt den inneren
Fluss ins Fließen,
wenn ich doch ein Bild dafür gebrauchen darf,
auch wenn es abgedroschen und
banal zu sein scheint,
es stimmt trotzdem!

Genau das scheint auch meine
Tochter gespürt zu haben,
bis zum Essen, bis zum
gemeinsamen Mittagessen,
bis zur nächsten äußerlichen Beschäftigung,
war noch viel Zeit, die gefüllt sein wollte,
die in Gemeinsamkeit erlebt werden sollte,
mit oder am besten ohne Worte.

Da war es für meine Tochter natürlich
das Selbstverständlichste
sich ans Klavier zu setzen und zu spielen,
für sich, für ihre Großmutter, für alle.
Alle auf dieser Welt!

*Die Tochter spielt*
*Johann Sebastian Bach, Goldberg-Variationen (je nach*
*Dramaturgie ca. 10 Minuten).*
*Die Mutter hört andächtig zu und versinkt in die Musik.*
*Dann bricht es aus der Mutter heraus.*

Ich weiß nicht,
woher das kommt,
woher sie diese Kraft hat.
Diese Willenskraft.
Diesen unerschütterlichen Willen.

Diese Ausdauer und Leidensfähigkeit.
Und dabei diese atemberaubende Leichtigkeit.
Stundenlang jeden Tag.
Jeden Tag.
Gleichgültig ob Sonntag,
Weihnachten oder Geburtstag.
Vollkommen gleichgültig.
Woher kommt das?
Warum hat sie das?
Wieso sie?
Weshalb nicht ich?

Jeder Tag,
an dem sie nicht mindestens 6 Stunden spielt,
ist für sie ein verlorener Tag.
Für immer und ewig.
Ein Schmerz,
der nicht zu groß werden darf,
der in der Seele brennt.
Ein Schmerz, der zugleich Vorwurf ist.
Anklage ohne Gnade.
Höchstmögliches Strafmaß.
Strengste Verurteilung.

Das ist meine Tochter,
das sind wir!

Und es ist doch nur natürlich,
wenn ich wir sage.
Wenn ich nicht wir sagen würde,
was wäre dann meine Leistung?
Was wären dann all die Jahre wert,
die ich ausschließlich der
Musik gewidmet habe,
die ich in die musikalische
Ausbildung investiert habe,
die ich allein für meine Tochter
dagewesen bin!?
Was?

Von klein auf habe ich selbst nichts
anderes als Noten geatmet.
Es war eine rastlose Jugend.
Immer auf Reisen, immer unterwegs.
Vor allem in Japan,
diesem formalisierten Land.
Dort wurde meine Mutter bewundert.
Sie erfüllte alle Klischees.
Die mit der langen Nase.
Die mit den blonden Haaren.
Die mit den eleganten Fingern.
Die mit der süßen Tochter,
die auch schon Klavier spielte,
wenn auch leider nicht hochbegabt.

Was wären all die Jahre wert,
die ich meiner Mutter zugehört habe,
die ich mich selber am Flügel ausprobiert habe,
bis ich schließlich eingestehen musste,
dass ich nicht das Talent hatte,
dass nicht alles durch Fleiß und
Ausdauer zu erreichen ist,
dass der gewisse Funke in mir fehlt,
was auch immer das sei,
einfach fehlt!?
Was?

Meine Umwelt war perfekt,
meine Gene waren perfekt,
aber der eigene Anteil am Ich,
nämlich ich selbst,
ausgerechnet ich selbst,
ich war und bin nicht perfekt,
nicht geschaffen für musikalische
Höchstleistung,
nur als Anhängsel, als Beikraut
neben einer strahlenden Blüte,
als Unkraut, das jederzeit entfernt werden,
oder gleich mit der ganzen Wurzel
ausgerissen werden kann.
Kompost. Schon zu Lebzeiten
nur vergängliche Erde!

Ich kann mich nicht herausreden,
dass meine Mutter kein Verständnis
für Kunst, für Musik gehabt hätte,
dass ich nicht früh genug
gefördert worden wäre,
dass keiner in meiner Familie musikalisch sei.
Ich kann nur sagen,
ich bin es nicht genug.
Meine Mutter ja,
meine Tochter ja,
aber ich nicht!
Ich einfach nicht.

Umso mehr habe ich mich hineingesteigert,
als ich wie aus heiterem Himmel
selber Mutter wurde.
Ich hatte nichts von all dem gewusst,
was als sogenannte Sexualität die
Menschen zu berauschen,
was der gesamten Menschheit den
Atem zu rauben scheint,
nichts,
und weiß bis heute kaum mehr.
Plötzlich war es soweit,
ich hatte mich nicht genug dagegen gewehrt,
wusste kaum, was mit mir geschah.

Plötzlich sollte ich schwanger sein!?
Plötzlich zeigten alle auf mich,
stierten auf meinen wachsenden Bauch,
redeten von einem neuen anderen Leben,
obwohl mein eigenes noch
nicht begonnen hatte.

Plötzlich sollte ich selber Mutter sein!?
Dabei war ich noch so jung,
so wahnsinnig jung!
Mutter!? Ich!? Aber...!?
Alleinerziehend kann ich nicht sagen,
meine eigene Mutter war ja immer dabei,
wir waren plötzlich nicht mehr
zwei sondern drei Frauen.
Drei Frauen, eine Front.

Kein Mann hat es je länger
bei uns ausgehalten,
keiner wollte sich dieser
Dauerbeschallung aussetzen,
keiner wollte die Musik als wichtiger
als sich selbst akzeptieren,
niemand drang wirklich zu
unserem Inneren durch.
Der Flügel im Wohnzimmer

als ewiger Konkurrent!?
Jeden Morgen ab fünf Uhr erbarmungslos,
gleichgültig was am Abend zuvor
stattgefunden hatte.
Drei Frauen, die sich einig scheinen!
Das treibt jeden Mann aus dem Haus.
Dieses Kapitel ist schnell erzählt.
Wir Frauen waren all die Jahre unter uns!
Wir sind wir!

Alles,
was meine Mutter gespielt hat,
was meine Tochter jetzt spielt,
bin auch ich, sind wir.
Ja, ich kann wir sagen und trotzdem
ein eigenes Bewusstsein haben!
Ein Bewusstsein, das sich bei uns
dreien nur minimal unterscheidet.
In Abgrenzung zu allen
anderen auf dieser Welt.
Ich erkenne mich durch die
Erinnerung an meine Mutter.
Und ich erkenne mich durch den
Anblick meiner Tochter.

*Sie macht eine Pause.*

Und jetzt sage ich Ihnen,
warum ich Sie heute sehen wollte,
warum ich Sie heute sprechen musste.

*Sie macht wieder eine Pause.*

Es ist,
es ist die Erkenntnis,
dass mein Leben nicht mehr beginnen wird!
So einfach, so banal!

Zeit meines Lebens habe ich gewartet.
Habe wie Wladimir und Estragon
auf Godot gewartet.
Es war kein trauriges Warten,
es war kein langweiliges Warten,
es war ein Warten voller Vorfreude auf das,
was kommen werde, was noch bevorsteht,
was mich endgültig und wirklich am
Leben wird teilhaben lassen,
es war andauerndes Lampenfieber
auf den nicht mehr endenden Auftritt,
auf das großartige Glück des Daseins,
ja Glück!

Aber heute, beim täglichen
Proben mit meiner Tochter,
die mich eigentlich schon lange
nicht mehr braucht,
die mich schon lange nur noch duldet,
die nur noch über mich hinwegsieht,
die im Grunde nichts über mich weiß,
nichts wissen kann,
habe ich begriffen,
dass dieses erhoffte Leben nicht
mehr beginnen wird,
dass ich schon heute lebendig tot bin,
dass immer alles Zukunft war und
jetzt Vergangenheit geworden ist.
Ja, Vergangenheit.
Und immer bleiben wird.
Für mich wird es keine Zukunft mehr geben!
Mein ganzes Leben werde ich als
»hochfürstlicher Mohr« verbracht haben,
nett anzuschauen, aber am
Ende übel mitgespielt.

Meiner Mutter ist es niemals
in den Sinn gekommen,
dass ihr Wille ein anderer sein
könnte als meiner.

Mit der ersten Berührung der Tasten,
mit dem ersten Lob für eine kleine Tonfolge
ergab ich mich, folgte gehorsam
und hoffte auf mehr,
auf Anerkennung, auf Bestätigung,
auf Geborgenheit.
Für mich als Kind scheint intuitiv
klar gewesen zu sein,
dass ich diese nur über die Musik
würde erlangen können.
Oder gar nicht.

Dabei habe ich mein eigenes Leben vergessen,
nein, vergessen ist falsch, ist ganz falsch!!
Ich habe nie begonnen, wirklich
daran zu glauben,
dass es ein eigenes Leben geben könnte,
dass ich ein eigenes Leben haben könnte.
Und ich bin zu Ihnen gekommen,
weil ich mir heute Morgen gewünscht habe,
dass es mich nicht gäbe, dass ich
nicht existieren würde.
Weil es sie, mein Klavierkind,
aber dann auch nicht gäbe,
und weil ich mir nicht wirklich vorstellen kann,
dass es mich selbst nicht gibt,

gab es dann in meiner streunenden
Phantasie nur noch mich,
nur noch mich und nicht auch sie!
Nur mich!
Nur mich allein!
Allein auf der Welt!
Verstehen Sie, was ich meine?

Zeit meines Lebens gebe ich vor,
eine bestimmte Person zu sein,
spiele ich alle gefragten Rollen.
Aber wenn ich die nicht mehr verkörpern will,
wenn ich nicht mehr die gehorsame Tochter,
nicht mehr die strenge Mutter,
nicht mehr all die Personen sein will,
die in mich hineinprojiziert
wurden und werden,
wer bin ich dann?
Was bleibt dann übrig?

Ich sage es ihnen:
NICHTS!
Einfach NICHTS!
Einfach nur NICHTS!
Da gibt es keine »tägliche Basis«,
wie Sie es nannten.

Da gibt es keine »Schätze der Normalität«,
von denen Sie sprachen.
Ich habe nach unserem letzten
Gespräch darüber nachgedacht.
Lange nachgedacht.
Jeden Tag, jede Nacht, immer wieder.
Es gibt nur einen grauenvollen Dschungel
undurchdringlichen Lebens,
eine willkürliche Anhäufung
verschiedenster Reize und Irritationen,
die mit mir nicht im geringsten
etwas zu tun haben.
NICHTS!

Oder es gibt die Musik,
die Kunst, das Leben künstlerisch
zu bewältigen.
Nehmen Sie mir diese Kunst weg,
stelle ich selbst dieses Leben in Frage,
dann gibt es nur noch LEERE.
Einfach nur hässliche LEERE!
LEERE!
Nichts als LEERE!

Und jetzt frage ich Sie.
Ich frage Sie:

Was mache ich mit dieser Erkenntnis?
Was?
Was mache ich mit diesem NICHTS?
Was mache ich mit dieser LEERE?
Was mache ich damit?
Akzeptieren? Und dann?
Ankämpfen? Wozu?
Wie kann ich damit leben?
Begehe ich durch diese Gedanken
nicht schon Verrat?
Verrat an meiner Mutter,
Verrat an meiner Tochter,
Verrat an mir selbst!?
Verrat an meinem gesamten bisherigen Leben?
Verrat an allem, was ich bin und habe?
VERRAT!?

*Sie macht eine Pause und weint.*
*Die Tochter spielt Helmut Lachenmann,*
*Fünf Variationen über ein Thema von Schubert (ca. 4,30*
*Minuten). (alternativ: W. A. Mozart, Duport-Variationen in*
*d-Dur, KV 573).*
*Am Ende schreckt die Mutter wie aus einem Traum hoch.*

Oh Gott, wie spät ist es?
Was sagt die Zeit?

Ich habe mich verplaudert,
ich habe mich verplappert,
ich muss zum Konzert,
ich muss dringend zu meiner Tochter.
Heute ist doch ihr großer Auftritt.

Entschuldigung,
dass ich so lange von mir geredet habe,
dass ich Sie mit meinem Leben belästigt habe.
Es ist nicht wichtig,
was ich denke,
Es ist nicht wichtig,
was ich bin.
Es gibt so viele wichtigere Dinge!
Sicherlich!
Zum Beispiel das Konzert heute Abend!
Mein Taxi müsste schon
längst draußen warten.

*Sie steht auf, dreht sich im Abgehen aber noch mal um.*

Ich wollte Ihnen eigentlich nur danken,
dass Sie mich angehört haben,
letztes Mal.

Und ich wollte Ihnen eigentlich nur
eine kleine Geschichte erzählen:
Kurz vor dem Tod meiner Mutter,
für einen winzigen Augenblick,
schien sie offen für alles zu sein,
schien ein offenes Wort zwischen
uns beiden möglich zu sein,
schien sich die Welt zu öffnen,
zu weiten, zu strahlen.

Aber ich war so überrascht,
überrascht von diesen Augen,
diesen tief eindringenden Augen,
dass ich nichts sagen konnte.
Kein einziges Wort.

Das hat mich jahrelang gequält.
Jetzt aber weiß ich, dass mein
Schweigen richtig war,
dass dieser stille, einvernehmliche Moment
zwischen meiner Mutter und mir,
keine Worte gebraucht hat,
dass er ein Stück wahrhaftig
gelebtes Leben war!

*Sie geht hinaus.*
*Die Tochter spielt Bach, Präludium in B-Dur*
*(ca. 3 Minuten).*
*Black.*

# Nachwort
von Thomas Weitzel

Ja, Kunst kommt nach Meinung vieler Musikfreunde von »Können«. Sie kommt aber auch, wie Arnold Schönberg sagte, von »Müssen«. Wie sich Können und Müssen vereinigen, ohne dass echtes »Wollen« entsteht: davon spricht Sebastian Seidels »Klavierkind«.

Die »Klavierkinder«: das sind all jene, die von früh an zum Instrument getrieben werden. Nicht jedes »Klavierkind« aber gerät später in den Blick des großen, nach sogenannten Sensationen gierenden Publikums. Thomas Mann hat einst, freilich leicht satirisch, in einer gleichnamigen Erzählung ein solches »Wunderkind« beschrieben.

Sebastian Seidels Klavierkinder aber wird gespiegelt in der Perspektive derer, die sich als gescheitertes »Mittelglied« einer tatsächlich erfolgreichen Klavierkind-Dynastie betrachtet. Zumindest ist sie, die Protagonistin dieses Dramoletts, der Meinung, dass ihr Leben, da nicht das scheinbar Höchste erreicht worden sei, im Grunde sinnlos ist. Der Befund ist ernüchternd: je intensiver die Tochter die Meisterwerke Mozarts, Bachs und Brahms in einem vielleicht nur erträumten Hintergrund spielt (so wie die Hauptfigur des Solo-Stücks einst die Werke übte), desto härter wird der Blick auf die eigene Biographie und die Verwerfungen, denen dieses Leben unterworfen war.

Die Geschichten von »Klavierkindern«, die zu »Wunderkindern« hochdressiert werden, sind nicht lustig, nicht einmal musisch, im Ganzen eher sportlich. »Mozart war kein Wunderkind«, wie Christoph Schlingensief in seiner Salzburger Mozartausstellung ganz richtig bemerkte. Auch Mozart musste sich, wenn auch scheinbar frei- und extrem lernwillig, in die täglichen Exerzitien begeben, um zu dem zu werden, der er wurde. Was »musikalische Leistung« heißt, bemisst sich, so die Erkenntnis der Mutter, allein nach der unübersehbaren Lebensfeindlichkeit der Bemühungen um die höchste Kunst. Das Ergebnis dieser Arbeit steht auf der Bühne: das »Klavierkind«, das wir bei seinem letzten Besuch beim Psychoanalytiker beobachten.

Sebastian Seidel hat im Jahre 2000 seine Promotion über Robert Musils »Der Mann ohne Eigenschaften« abgeliefert. Musil ging es, mit einem ungeheuer geschärften Sinn für die Relativität von Wirklichkeit und Wahrheit, in seinem Roman um die Frage, wie viel »Möglichkeitssinn« in der Welt und ihren Menschen angelegt ist. Seidels generationsübergreifende Klavierkinder haben offensichtlich keine Ahnung von der Freiheit, die dieser Sinn verleiht – die Mutter der Tochter mag es ahnen, doch bleibt der Durchbruch im Schmerz über den Verlust und die Mühsal der Kunstausübung stecken. Aber »the show must go« on – darin steckt die Tragik dieses »Kindes«.

Nein, es scheint nicht lustig zu sein, das Leben der Kunst zu opfern, um schon früh ein Klavierkonzert von Mozart vollkommen interpretieren zu können.

Als die Stadt Augsburg dem Autor den Auftrag gab, anlässlich des 61. Deutschen Mozartfests ein Stück zu schreiben, verband sich damit die Intention, dass Seidel dem vorgegebenen Thema »Wunderkind« durch eine zeitgenössische Brechung begegnen würde. Schon 2002 hat Seidel den Kunstförderpreis der Stadt Augsburg erhalten, 2007 die Ehrenmedaille »Für Augsburg«, doch trieb ihn dies nicht in die Sackgasse literarischer Angepasstheit und

Schönfärberei. Wie's »da drinnen« aussieht, ahnt auch der glückliche Besucher eines Konzerts, in dem musikalische Höchstleistungen geboten werden, ja mehr, als dass er es wüsste. Doch Vorsicht: der Blick des Dramatikers ist – ein dramatischer. Er hat, als negativen Idealfall, die Innensicht eines »Klavierkindes« geboten, in dem die Wirklichkeit des pianistischen Dauertrainings so gut enthalten wie überspitzt sein mag. Sind die mitgeteilten Erfahrungen der Mutter allgemein gültig? Und ist ihre Sicht auf das Arbeitspensum eines Klavierkinds, das zur Karriere gedrillt wird, typisch? Sagen wir so: So etwas kommt vor – überall dort, wo, wie im jugendlichen Hochleistungssport, die Kunst als absoluter Wert verkauft wird. Vielleicht muss ein »Klavierkind« wirklich eine besondere psychische Disposition besitzen, die Nichtmusikern fremd anmutet; viele Pianisten werden bestätigen können, dass intensives Lernen nicht zu seelischen Verformungen führen muss. Dass es zu negativen Metamorphosen führen kann – davon redet Seidels Stück.

Dies in einem radikalen Exempel gezeigt zu haben, ist das Verdienst eines Autors, der genauer über die möglichen

Gründe für wettbewerbsrelevante Höchstleistungen auf dem Gebiet der Musik nachdachte: mit einem wohl bewussten Seitenblick auf Mozart selbst – auf den Sohn, aber auch auf die Schwester und deren Vater.